NOTICE

SUR

MARIE PLATRE.

NOTICE

sur

MARIE PLATRE

NOTICE

SUR

MARIE PLATRE

FILLE NATURELLE ADOPTIVE DES HOPITAUX DE LYON,

MORTE LE 9 SEPTEMBRE 1846,

Agée de 107 ans.

LYON.

—

1847.

NOTICE

SUR

MARIE PLATRE.

Les centenaires à Lyon sont rares, comme dans tous les grands centres de population. Aussi toute la ville s'est-elle vivement intéressée à demoiselle Marie PLATRE, qui y est décédée le 9 septembre 1846, dans une maison portant le n° 11, rue Ste-Blandine, près la place Colbert, à l'âge de 107 ans, 3 mois et quelques jours. L'administration des hospices, dans sa sollicitude paternelle, a contribué à adoucir ses dernières années; la population a appris sa mort avec peine; elle s'est portée en foule à la maison mortuaire pour rendre à ses vénérables restes de pieux et tristes devoirs, et l'a accompagnée avec recueillement et respect à sa dernière demeure. Chacun, après sa mort, a voulu avoir quelque chose d'elle : une parcelle de ses vêtements, une mèche de ses cheveux; et quelque temps avant la fin de sa longue carrière, un peintre de cette cité avait reproduit sur la toile ses traits vénérables, que sa dernière maladie et sa mort n'avaient presque point changés.

Marie PLATRE ne connut point ses parents. Elle fut remise à l'âge de deux ans et demi à l'hospice de Lyon. Cette remise est constatée sur les registres de la maison par l'inscription suivante :

« Marie PLATRE, fille, âgée de deux ans et demi, le
» 4 novembre 1741, exposée à sept heures à la porte
» de Guinant, traiteur, devant le couvent royal de l'Ob-
» servance, n'ayant que des haillons que l'on n'a pu
» spécifier. Apportée par Peignon, caporal dudit quartier,

» à l'Hôtel-Dieu, où elle a été baptisée et nommée comme
» ci-dessus. »

A la suite de cette inscription se trouve celle-ci, qui
a dû être faite postérieurement : « Nourrie chez Etienne
» Cagny et Marie Chanavat, de Larajasse, canton de
» St-Symphorien-le-Château. »

Elle fut donc nourrie et probablement élevée à la
campagne, chez de braves cultivateurs, pour le compte
de l'administration des hospices, jusqu'au moment où
l'administration, faisant pour elle ce qu'elle faisait pour
toutes ses pupilles, la plaça en apprentissage. Depuis ce
moment elle n'a jamais quitté Lyon. Il résulte, tant des
renseignements puisés dans les archives des hospices,
que des déclarations verbales faites à diverses personnes
par Marie PLATRE elle-même, qu'elle resta quatre ans en
apprentissage pour connaître le dévidage de la soie, quatre
ans ensuite ouvrière dévideuse, chez un sieur Viré, aux
gages de quatorze écus par an ; quatre années encore chez
un autre maître dont on ignore le nom, toujours à quatorze
écus par an. Puis elle tomba malade et fut passer un an à
la Charité ; elle avait alors 18 à 20 ans. Étant bien rétablie,
elle en sortit pour se placer, comme dévideuse, chez les
mariés Couturier, ouvriers en soie à Lyon. Elle est restée
chez eux 45 ans, et, durant cette longue suite d'années, dans cette humble position d'ouvrière dévideuse,
sa conduite fut un modèle de piété, de charité chrétienne
et des plus touchantes vertus. Ses maîtres, les mariés
Couturier, devinrent tous deux aveugles et ne purent
plus travailler. Ils avaient quelques petites économies
qu'ils placèrent en rente viagère ; mais cette faible res-
source était loin de suffire à leurs besoins. Marie PLATRE
ne les abandonna pas ; elle resta avec eux, les soignant
de son mieux et travaillant tant qu'elle pouvait pour les
aider. Elle aussi avait fait quelques minces économies,
qu'elle employa à leur être utile ; et, quand ces faibles
moyens ne suffirent plus, elle s'adressa à des personnes

bienfaisantes qu'elle sut intéresser au sort de ses maîtres malheureux. Ses soins pour eux ne tarissaient pas : la nuit comme le jour elle était attentive à leurs moindres besoins. Dans la belle saison, elle les menait sur le quai voisin de leur domicile pour prendre un peu le bon air, rentrait vite à la maison pour dévider, et retournait ensuite les chercher à l'heure qui était convenue. Son courage, sa persévérance ne se démentirent jamais. Dix années s'écoulèrent dans cette position pénible, au bout desquelles les époux Couturier moururent tous deux presque en même temps. Ce qui donne tout à la fois une idée du peu d'aisance de ces pauvres gens et des services que leur a dû rendre Marie PLATRE, c'est que tout ce qu'ils laissèrent en mourant se vendit 64 francs...

A la mort du dernier survivant de ses infortunés maîtres Marie PLATRE avait 66 ans. On ne l'avait appelée jusqu'alors et l'on ne la connaissait que sous le nom de Mlle MARION.

Une dame déjà très âgée, Mme Detroyard, tenait alors à Lyon, avec ses deux fils aussi d'un âge avancé, un atelier de fabrication d'étoffes de soie. Leur travail avait prospéré, et ils se trouvaient dans une certaine aisance. Ils avaient remarqué tous trois la conduite exemplaire de Marie PLATRE envers les époux Couturier ; ils étaient ravis des vertus de cette digne et respectable fille. Par suite de la mort de ses maîtres, elle se trouvait sans place ; ils lui proposèrent de venir chez eux pour dévider ou plutôt pour être femme de confiance, et prendre soin de la maison que Mme Detroyard, vu son grand âge, ne pouvait plus diriger. Marie PLATRE accepta la proposition, et se conduisit si bien avec ses nouveaux maîtres que, peu d'années après, Mme Detroyard, mourant à l'âge de 99 ans, chargea ses deux fils, toujours restés célibataires, de prendre soin de MARION comme ils avaient pris soin d'elle-même et comme si c'était une seconde mère. Se conformant à ce vœu de la reconnaissance et l'on pourrait dire de l'amitié, et pénétrés eux-mêmes d'une grande vénération pour les vertus de Marie PLATRE, ils lui donnèrent la chambre et le lit de Mme Detroyard et toute leur confiance pour les soins de la maison : ce dont ils n'eurent qu'à se louer.

MARION, comme ils l'appelaient, resta dans la maison Detroyard, soit pendant l'existence de la mère, soit jusqu'à la mort du dernier des deux fils, l'espace de 22 ans. Par des dispositions qui attestaient la reconnaissance de cette famille, le dernier survivant la confia à son héritier universel, chez qui elle devait se rendre à la campagne et y vivre comme rentière le reste de ses jours. Elle avait travaillé ou servi pendant 80 ans consécutifs, il était juste qu'elle pût enfin jouir de quelque repos.

Il y avait, depuis près de 12 ans, dans l'atelier de MM. Detroyard une ouvrière honnête et intelligente qui se nommait Fanchette Montel. Le dernier survivant voulut en mourant se reconnaître envers elle de sa bonne conduite, de son zèle et de l'intérêt qu'elle avait toujours pris à leurs affaires ; il lui donna, par dispositions testamentaires, l'atelier et tout ce qui y avait rapport. Notre Marie PLATRE, se sentant encore le courage de travailler et d'être utile dans l'atelier ; préféra y demeurer avec Fanchette Montel, à qui d'ailleurs elle s'était attachée, que de se rendre, comme rentière, chez l'héritier des Detroyard ; de sorte que les généreuses dispositions de cette famille demeurèrent sans effet pour elle.

Elle resta donc dans l'atelier comme dévideuse : elle avait alors 88 ans. Mlle Fanchette Montel se maria avec M. Doublier, et ces deux honnêtes ouvriers eurent pour elle tous les égards, tous les soins que méritait son grand âge. Ce n'était certes pas le travail de MARION qui pouvait les indemniser de la dépense qu'elle leur occasionnait ; mais un sentiment de vénération les portait à en avoir soin, et leur fit prendre la ferme résolution de ne jamais l'abandonner.

Après quelques années de séjour chez les époux Doublier, Marie PLATRE perdit un peu la sérénité d'âme, la douce gaîté qu'elle avait conservées jusque-là. On la voyait, par moment, triste, chagrine, et l'on ne savait trop pourquoi ; enfin on comprit qu'elle voyait bien qu'elle ne gagnait pas sa dépense ; qu'elle se sentait à charge à ses maîtres, et elle avait peur qu'ils l'envoyassent à la Charité. Cette crainte, quoique moins forte ensuite, quand l'administration des hospices eut retrouvé et reconnu sa pupille centenaire, ainsi que nous le dirons plus loin, ne l'a pas quittée jusqu'à sa mort. En vain Mme Doublier lui disait : « Mlle MARION, ne vous mettez pas en peine, » vous avez votre pain gagné ; reposez-vous avec confiance » sur les bonnes actions qui ont rempli votre vie, sur » les soins que vous avez eus pour vos maîtres ; je les » connais, nous ne vous abandonnerons pas ; » Marie PLATRE craignait toujours ; elle croyait que les jeunes ouvrières de l'atelier la desservaient ; elle disait à Mme Doublier : « Dis, Fanchette, tu me connais, fais-moi le plaisir de » n'écouter personne quand on viendra te rapporter » quelque chose que j'ai fait ou dit contre toi. Si je te » dis cela, c'est que je m'aperçois que tes jeunes ouvrières » sont contre moi ; mais elles ont bien tort, car je les » aime toutes mieux que moi-même. »

Les époux Doublier étaient bien résolus de continuer leur bonne œuvre jusqu'à la fin, sans recourir ni à l'administration des hospices ni à personne. Ils sentaient en eux-mêmes quelque chose qui les encourageait et leur disait que cette vénérable fille était un des éléments de leur bonheur. Ils l'auraient continuée sans assistance étrangère, comme sans ostentation et sans espoir de rémunération ici-bas ; mais une circonstance fortuite, indépendante en quelque sorte de leur volonté, vint, il y a quelques années, mettre au grand jour l'œuvre de bienfaisance qu'ils exerçaient, et la faire connaître à l'administration des hospices.

Marie PLATRE, après sa mise en apprentissage, ou tout au moins après l'année de maladie qu'elle passa à la Charité à l'âge de 18 à 20 ans, fut perdue de vue par l'administration. Quand les orphelins reçus aux hospices ont atteint leur majorité, l'administration ne conserve plus sur eux qu'une autorité morale, qu'elle s'empresse d'exercer toutes les fois que l'occasion s'en présente ; mais, en général, une fois ses pupilles élevés, placés et majeurs, elle ne s'en occupe plus.

L'administration ignorait donc complètement que la centenaire dont on parlait déjà beaucoup à Lyon, était une de ses filles adoptives. Voici comment le fait lui fut révélé.

Dans le courant de l'année 1841, Mme Doublier avait pris en qualité d'apprentie une fille adoptive des hospices, qui lui avait été amenée de la campagne. Elle l'avait dans l'atelier depuis une huitaine de jours, lorsqu'elle crut devoir faire régulariser son entrée chez elle par l'administration. Elle se présenta donc au bureau des enfants abandonnés, à l'hospice de la Charité, avec l'orpheline, et demanda à MM. du bureau qu'on prît note de la déclaration qu'elle faisait de garder cette fille et de lui apprendre la fabrication des étoffes de soie. MM. du bureau trouvèrent irrégulier qu'on plaçât ainsi leurs enfants sans préalablement les en prévenir, et dirent à Mme Doublier que, conformément au règlement, cette fille resterait à l'hospice jusqu'à ce que l'administration elle-même lui eût trouvé un maître. Mme Doublier répondit à ces messieurs : « Vous êtes bien sévères et bien scrupuleux ;
» sachez que cette fille serait très bien dans notre maison.
» J'en ai déjà une de l'hospice ; je l'ai depuis plus de douze
» ans, mais celle-là n'est pas en apprentissage, car elle a
» dans ce moment-ci 103 ans : c'est Marie PLATRE. »

Tout le bureau fut très étonné de cette déclaration ; on nia d'abord l'exactitude du fait, puis celle de l'âge. Cependant, M. Garnier, chef de ce bureau, fit entrer

Mme Doublier dans son cabinet, se fit donner des détails, des explications qui le convainquirent ; après quoi il permit à Mme Doublier de remmener avec elle l'orpheline qu'elle présentait, ce qui les rendit bien contentes l'une et l'autre.

Deux jours après cette scène intéressante, M. Durand, conseiller à la cour royale de Lyon, l'un des administrateurs des hospices et, comme tel, nommé tuteur des enfants abandonnés, se transporta au domicile des mariés Doublier pour y rendre, dit-il, une visite à Marie PLATRE, sa pupille. Il la vit, lui donna du café, des oranges, du tabac qu'il lui avait apportés, et lui dit qu'elle serait présentée à l'administration des hospices, accompagnée de ses maîtres M. et Mme Doublier, à la prochaine fête patronale de l'hospice de la Charité, qui serait le 15 août de l'année suivante. Cette promesse de M. l'administrateur ne fut point oubliée. En effet, ce jour-là, 15 août 1842, à cinq heures après midi, un fiacre, avec un frère des hospices dedans, s'arrêtait à la porte du domicile des époux Doublier : le frère venait chercher Marie PLATRE.

M. et Mme Doublier devaient l'accompagner ; ils la suivirent : on monta en voiture et bientôt on arriva à l'hospice de la Charité, où toute l'administration, les frères et les sœurs, étaient réunis. Le dîner commença à six heures. Marie PLATRE fut placée à la tête de la table des sœurs et Mme Doublier à côté d'elle ; M. Doublier fut placé à la table des frères. Ces deux tables étaient rangées aux deux côtés du réfectoire, et celle de l'administration était dressée au milieu ; c'était un vrai dîner de famille. Pendant le repas, MM. les administrateurs allaient tour à tour causer un instant avec leur vénérable convive, lui portaient des meilleurs mets de leur table, et revenaient enchantés de l'a-propos de ses réponses, de la lucidité de son esprit, eu égard à un si grand âge. Après le dîner, elle fut admise avec sa maîtresse à prendre le café avec les administrateurs dans la grande salle du conseil.

Le même dîner a eu lieu pour Marie PLATRE et ses

maîtres à pareille époque du 15 août de chacune des
années suivantes 1843, 1844 et 1845; mais elle ne put
s'y rendre en la présente année 1846, étant déjà atteinte
de l'hydropisie qui a amené sa mort dans les premiers
jours du mois de septembre suivant.

Dans l'intervalle de ces réunions Marie PLATRE n'était
point oubliée par l'administration. M. l'Administrateur-
tuteur des enfants lui faisait des visites, lui portait ou
lui envoyait du café, du vin vieux, de petites friandises.
Elle fut présentée par l'administration à LL. AA. RR.
Mgr le Duc et Mme la Duchesse de NEMOURS, lorsqu'ils
visitèrent nos hôpitaux à l'époque du camp de Villeur-
banne. Le Prince lui toucha la main avec bonté et lui
adressa quelques paroles pleines de bienveillance. Elle
dit qu'elle désirait que le Prince et la Princesse pussent
vivre aussi longtemps qu'elle pour le bonheur de la
France. Ces souhaits de la centenaire, accueillis par les
applaudissements de l'assemblée, touchèrent vivement
LL. AA. RR.

Au dîner du 15 août 1845, qui fut le dernier auquel
elle assista, pendant qu'elle prenait le café avec l'administration, le président, M. de Lahante, s'entretint un
moment avec elle; mais, comme depuis deux ans elle n'y
voyait presque plus, elle lui demanda : « A qui, Monsieur,
» ai-je l'honneur de parler? » Il lui dit : « C'est au président
» de l'administration. » Alors Marie PLATRE, mettant de
suite à exécution un projet qu'elle avait, sans doute,
conçu et mûri en secret, puisqu'elle n'en avait pas dit
un mot à ses maîtres, lui dit : « Monsieur le Président,
» ma maîtresse vient de perdre son mari (en effet, M. Dou-
» blier était mort depuis peu), je sais qu'elle a beaucoup
» à payer, je crains qu'elle me renvoie; auriez-vous la
» bonté de lui faire donner quelque chose, afin qu'elle
» puisse me garder? » M. le Président la rassura avec
bonté, lui dit de ne point s'inquiéter, qu'il ferait tout ce
qui dépendrait de lui pour aider sa maîtresse, qui la

garderait certainement. On voit que, toujours dévouée et pleine d'intérêt pour ses maîtres, Marie PLATRE songeait plutôt à leurs besoins qu'à ceux que son grand âge nécessitait; mais on voit aussi qu'elle nourrissait toujours en elle cette crainte d'être renvoyée à la Charité, crainte qui ne l'a presque point quittée pendant les dernières années de sa vie.

L'administration des hospices n'avait pas, au surplus, attendu la touchante réclamation dont nous venons de parler, pour se reconnaître envers les époux Doublier de leur conduite désintéressée et si digne d'éloges. Peu de jours après la première visite que fit à Marie PLATRE M. l'Administrateur-Tuteur des enfants de l'hospice, les mariés Doublier furent mandés à l'hospice de la Charité, et là ils reçurent, de la part de l'administration, une boîte ou écrin contenant six couverts d'argent, sur laquelle était cette inscription : *Aux époux Doublier, l'Administration des Hôpitaux reconnaissante des soins qu'ils ont donnés à* Marie PLATRE, *âgée de 103 ans, aujourd'hui 1er septembre* 1841. On lit sur chaque couvert : *Don des Hospices de Lyon.*

Après la présentation de Marie PLATRE à S. A. R. le Duc DE NEMOURS, les époux Doublier furent appelés à l'hospice de la Charité pour y recevoir 300 fr. à titre d'encouragement.

Un mois environ après la requête touchante de Marie PLATRE à M. le Président de l'administration, Mme veuve Doublier reçut encore à la caisse des hospices 500 fr., en raison du malheur qu'elle avait eu de perdre son mari et des bons soins qu'elle continuait à notre centenaire.

Vingt jours avant la fête du 15 août 1846 Mme veuve Doublier prévint M. l'Econome de la Charité que Marie PLATRE était malade et ne pourrait se rendre au dîner. M. l'Econome en informa M. le baron de Polinière, administrateur de l'intérieur. Ce dernier manda la veuve Doublier, s'informa de l'état de Marie PLATRE, encouragea Mme Doublier à continuer ses bons soins pour elle, et, peu de jours après , lui fit écrire , au nom de l'administration , de venir recevoir 500 fr. à la caisse des hôpitaux.

Ainsi , bien que les époux Doublier n'aient jamais fait aucune demande pour les soins qu'ils prodiguaient à Marie PLATRE, l'administration reconnaissante leur a fait compter en trois fois une somme de 1,300 fr., outre le don, à titre de souvenir, des six couverts d'argent, souvenir qui restera à jamais dans la famille Doublier comme un témoignage honorable tout à la fois pour cette famille et pour l'administration des hospices de Lyon.

Disons maintenant quelques mots des derniers jours et de la mort de notre vertueuse et vénérable centenaire.

Sans une chute Marie PLATRE vivrait sans doute encore. Dans la nuit qui précéda la Pentecôte de cette année 1846, elle voulut se lever de son lit pour chercher quelque chose dans son buffet ; elle tomba : on accourut la relever , on lui donna de suite tous les soins que pouvait exiger cet accident ; mais dès cette chute elle perdit la faculté de marcher et l'ouïe. Cette dernière privation l'affecta très vivement, parce que n'entendant pas , elle ne pouvait plus se distraire en causant avec les ouvrières de sa maîtresse, comme elle le faisait constamment auparavant, car elle était assez parleuse, et sa conversation était mêlée de petits propos enjoués, très agréables à entendre d'une personne de cet âge. Voyant qu'elle ne pouvait plus ni agir, ni entendre, elle s'en affecta tellement que son sang se décomposa et une hydropisie complète se déclara. Elle ne croyait pas cependant mourir encore ; elle disait quelques instants avant sa mort : « Bah, bah, cette maladie » passera comme les autres. » Mais son heure était arrivée. Elle s'endormit au Seigneur le 9 septembre 1846 , à sept heures du matin.

Son corps resta exposé dans la chambre mortuaire pendant 30 heures. Peu d'instants après sa mort la maison fut pleine de personnes de tout âge, de toute condition, qui vinrent lui rendre les devoirs pieux et chrétiens. La foule ne discontinua pas pendant tout le jour ; toute la nuit suivante et la matinée du second jour, jusqu'au départ du convoi. Mme veuve Doublier, qui s'était remariée depuis quelques mois avec M. Faure, avait fait, de concert avec son mari, toutes les démarches et dispositions nécessaires pour que les funérailles eussent lieu d'une manière convenable. Plus de 200 lettres d'invitation avaient été portées et toutes les personnes invitées s'étaient rendues à cette touchante cérémonie. Le clergé de la paroisse, 88 demoiselles vêtues en blanc, à la tête desquelles était porté le Christ de l'église de la Charité, deux frères de l'hospice suivaient immédiatement le corps, comme représentant les pères adoptifs de la défunte; M. et Mme Faure, ses anciens maîtres, la longue suite des invités et une foule compacte environnaient le convoi. Tel fut le cortège qui accompagna le corps de Marie PLATRE à l'église St-Polycarpe, sa paroisse, et de là à sa dernière demeure, tandis que son âme, dégagée des liens terrestres qui l'avaient retenue si longtemps, s'envolait dans le sein de son Créateur.

LYON, IMPRIMERIE NIGON,
rue Chalamont, 5.